RECUEIL

DE POESIES.

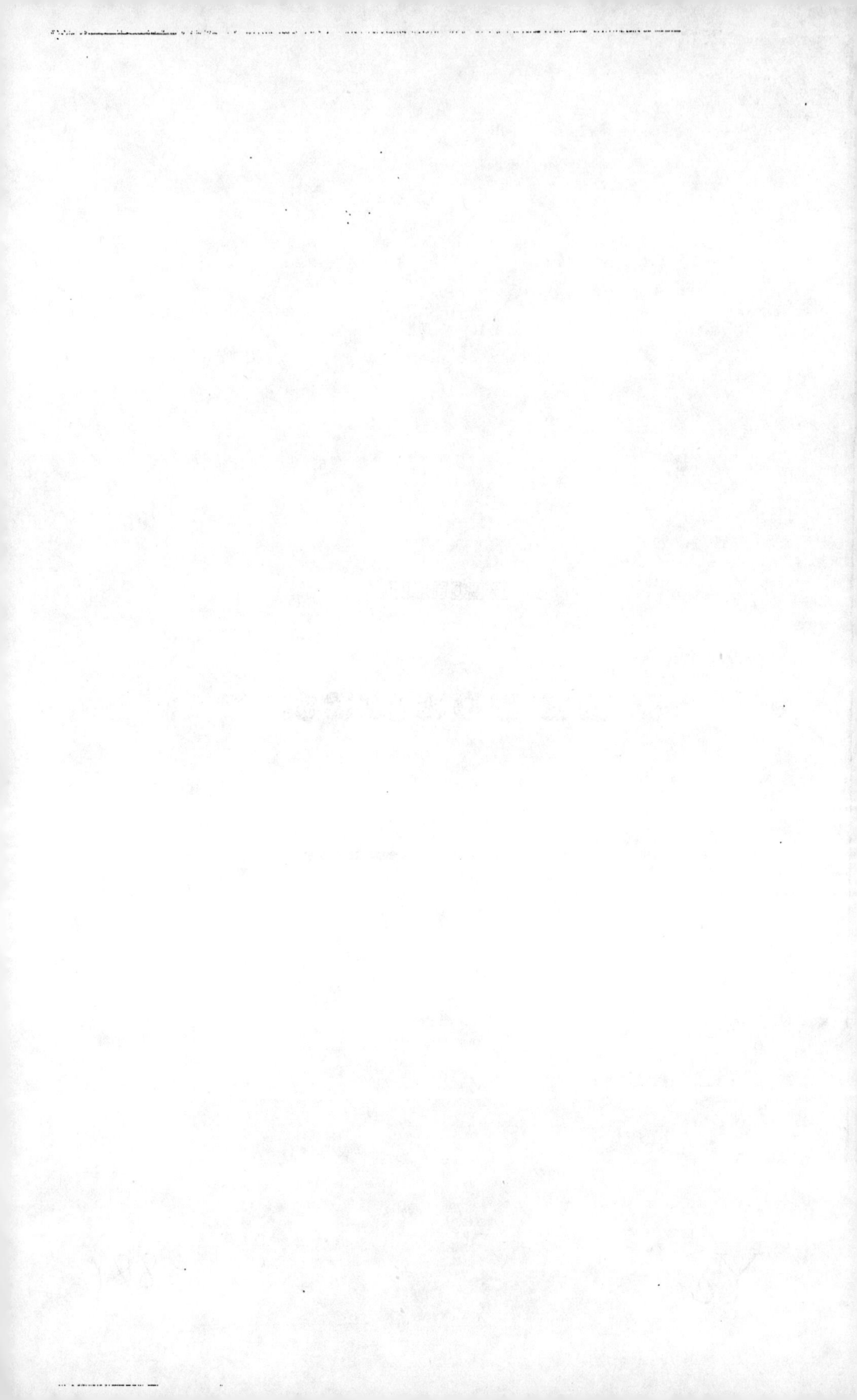

RECUEIL

DE POESIES

PAR

NARCISSE PERRARD, ARCHITECTE,

Ancien élève de l'École des B.aux-Arts.

DÉDIÉ

A M. Philippe CHAUGRASSE, architecte,

MEMBRE HONORAIRE DU CONSEIL DES BATIMENTS CIVILS.

ARBOIS

IMPRIMERIE DE MADAME JAVEL.

MDCCCLII.

A Monsieur Philippe Chargrasse, architecte.

MON CHER ET ANCIEN AMI,

En recevant le modeste recueil que vous dédient l'affection et la reconnaissance, vous verrez avec étonnement sans doute, non pas que je vous envoie ces poésies, puisque vous m'avez témoigné le désir de les posséder ; mais que je ne vous les adresse pas manuscrites.

Jamais, assurément, il ne me serait venu à l'esprit de livrer à la publicité ces pièces, dont je connaissais trop bien le faible mérite ; en prenant ce parti contre mon gré, j'ai cédé à l'influence de M. Auguste Javel, aussi bon frère que judicieux critique, et qui longtemps fut mon ami avant de devenir mon parent.

Sur la demande que vous m'en aviez faite, je songeais à mettre en ordre ces faibles productions, auxquelles votre indulgente amitié veut bien attribuer quelque mérite, et je me disposais à vous les faire parvenir écrites de ma main, lorsque M. Javel me fit observer qu'il serait plus convenable de les imprimer et de vous les adresser ainsi : « Ce

petit ouvrage, me dit-il, uniquement réservé pour la famille
et les amis, restera comme un souvenir entre nos mains, et
vos lecteurs, initiés par vous aux impressions intimes de
votre vie que vous voudriez condamner à l'oubli, vous tien-
dront compte du sentiment qui vous aura dirigé dans cette
circonstance, et seront indulgents pour vous ; l'affection,
ajouta-t-il, ne saurait éveiller la critique. »

C'est par ces motifs qu'il me décida à livrer à l'impression
des œuvres qui devaient rester ignorées.

Plus tard, forcé de quitter sa famille et de passer à l'é-
tranger, il m'écrivait : « J'applaudis, mon cher Narcisse, à
la détermination que vous avez prise de nous consacrer une
édition de votre ouvrage, et je me félicite de vous avoir
inspiré ce projet. Au fond de mon exil, isolé de tout ce qui
m'est cher, assurément j'aurais beaucoup de plaisir à orner
ma chambre du portrait d'un ami, du vôtre, par exemple ;
mais, à coup sûr, j'en aurai davantage à recevoir votre
recueil de poésies : un portrait représente la figure, l'âge,
le costume, quelques traits caractéristiques, et voilà tout ;
l'œuvre du peintre s'adresse aux yeux et nous rappelle uniquement l'homme physique ; l'homme moral échappe à son
pinceau.

C'est le portrait de l'âme que je voudrais voir dans chaque
famille. Parmi les hommes doués de quelque instruction, il
en est bien peu qui n'aient pris la peine de se peindre eux-
mêmes, et qui n'aient cherché dans le commerce des muses
une diversion au tracas des affaires. Aussi, c'est dans ces
petits ouvrages, souvent relégués dans le tiroir le plus caché
de leur secrétaire, et que leur modestie tient enfouis durant
leur vie, que l'on retrouve ces peintures intimes de l'esprit
et du cœur. »

Vous, mon cher Chargrasse, en qui j'ai trouvé une affection si vraie et si désintéressée ; vous, qui possédez l'âme la plus noble et la plus poétique, vous me connaissez déjà tout entier : je n'eus jamais rien de caché pour vous. Aussi vous reconnaîtrez votre ami dans ce petit recueil ; il est l'histoire de toute ma vie. Les premiers vers que je composai me furent inspirés par l'amour filial : à quinze ans, mes premiers essais furent des couplets pour la fête de mon père. Plus tard, je célébrai l'amour et l'amitié. C'est entre ces deux sentiments que s'est écoulée ma vie. Aujourd'hui encore, que la main du temps commence à s'appesantir sur mon front, et qu'elle y a déjà tracé plus d'une ride, je sens qu'en moi le cœur seul n'a pas vieilli, et je retrouve, en vous écrivant et en pensant à vous, toute la chaleur et la sincérité d'une âme de seize ans.

Votre ami,

N. PERRARD.

Arbois, le 9 octobre 1852.

EPITRE DEDICATOIRE

A M. Philippe Chargrasse, architecte.

CHARGRASSE, accepte l'ouvrage
Que mon cœur t'a dédié ;
Cette offrande est un hommage
Inspiré par l'amitié.
Au début de ma carrière,
Tu m'as ouvert la barrière ;
Tu guidas mes premiers pas.
Pour ma jeunesse timide,
Ton talent devint un guide
Qui ne l'abandonna pas.

Aussi, dans la solitude
Où s'écoulent mes loisirs,
Ta tendre sollicitude
Est un de mes souvenirs.

Le temps, calculant en sage,
Emporte, dans son passage,
Et la peine et le bonheur ;
Mais il ne peut tout détruire,
Et sa main n'a pas d'empire
Sur la mémoire du cœur.

COUPLETS

Composés pour la fête de mon père.

Célébrons tous, dans notre joie,
Ce jour de bonheur, de plaisirs ;
Ce jour que le ciel nous envoie,
Trop lent au gré de nos désirs.
Et pour une époque si chère,
Par nos respects, par notre amour,
De la fête du meilleur père
Aujourd'hui marquons le retour.

Assurer de notre tendresse
Notre ami, notre bienfaiteur,
Ah ! c'est la plus sainte promesse,
C'est là le cri qui part du cœur.
Aussi, que notre âme est ravie
De suivre un précepte d'amour,
Qui dit d'aimer toute la vie
Celui qui nous donna le jour !

Vois le transport qui nous anime,
O toi, que nous fêtons en chœur !
Entends ce concert unanime
De vœux formés pour ton bonheur !
Au ciel la fervente prière
Que nous adressons en ce jour,
C'est qu'il conserve un si bon père
Longtemps encore à notre amour.

LA PRIÈRE D'UN JEUNE CŒUR,

Dédiée à ma fille Constance.

Air du Couvre-feu.

Chaque matin, quand la clarté du jour
Vient doucement me tirer d'un beau rêve,
C'est vers le ciel que mon âme s'élève,
Pleine d'espoir, d'innocence et d'amour.
  Dans ce doux moment,
  Dieu juste et clément,
 De mon cœur, comme une prière,
  S'échappe un soupir,
  Et de ma paupière
 Tombe une larme de plaisir.

A mes regards, quand la voûte des cieux
Offre, le soir, sa grande architecture,
Par ce tableau, la voix de la nature
Parle à mon âme encor plus qu'à mes yeux.

Dans ce doux moment,
Dieu juste et clément,
De mon cœur, comme une prière,
S'échappe un soupir,
Et de ma paupière
Tombe une larme de plaisir.

Lorsqu'au printemps je cultive mes fleurs,
Combien mon cœur éprouve de délices,
Quand à mes yeux leurs gracieux calices
S'ouvrent, brillant des plus vives couleurs !

Dans ce doux moment,
Dieu juste et clément,
De mon cœur, comme une prière,
S'échappe un soupir,
Et de ma paupière
Tombe une larme de plaisir.

Quand une lyre, aux sons mélodieux,
Vient me charmer par sa douce harmonie,
A ces accords, dont mon âme est ravie,
Je reconnais le langage des cieux.

Dans ce doux moment,
Dieu juste et clément,
De mon cœur, comme une prière,
S'échappe un soupir,
Et de ma paupière
Tombe une larme de plaisir.

Parfois le pauvre, accablé de douleurs,
Lève sur moi ses yeux remplis de larmes ;
Ah ! pour mon cœur que l'aumône a de charmes,
Quand, de ma main, je puis sécher ses pleurs !

Dans ce doux moment,
Dieu juste et clément,
De mon cœur, comme une prière,
S'échappe un soupir,
Et de ma paupière
Tombe une larme de plaisir.

LA FÊTE DU HAMEAU.

Chassant la nuit par sa vive lumière,
L'astre puissant qui ranime les cieux
Avec éclat commençait sa carrière,
Et s'élevait brillant et radieux.
Il était jour, tout annonçait la fête
Dans un modeste et paisible hameau ;
On entendait le bruit de la musette
Se mariant aux sons du chalumeau.

Les habitants, la tête couronnée,
Se dirigeaient vers le temple du lieu,
Et, pour ouvrir dignement la journée,
Ils en offraient les prémices à Dieu.
Vers l'être aimant qui régit la nature,
Montaient les vœux qu'ils exprimaient en chœur,
Et leur prière était naïve et pure,
Comme l'amour qui remplissait leur cœur.

Ayant ensemble adressé leur hommage
Au sage esprit qui règle le destin,
Ils vont gaîment s'asseoir sous le feuillage,
Où se faisaient les apprêts du festin.
Là ce n'est point une table jonchée
De vins exquis et de morceaux friands ;
On n'y voit pas la chère recherchée
Qu'on inventa pour la table des grands.

Exempts des goûts que le luxe a fait naître,
A moins de frais ils se trouvaient heureux ;
Leur existence était douce et champêtre,
Et leur repas était simple comme eux.

Dans ce banquet d'amis et de bons frères,
Où présidait la cordialité,
Ces bonnes gens, en approchant leurs verres,
Portaient des toasts à la fraternité.

Se dirigeant vers une autre hémisphère,
L'astre du jour était à son déclin ;
La nuit tombait, lorsque, sur la fougère,
Vint retentir le bruit du tambourin.
C'était pour eux le signal de la danse ;
En entendant la flûte et le hautbois,
Sur le gazon la jeunesse s'élance,
Et chacun vient s'y ranger à la fois.

Danseurs légers et fraîches jeunes filles,
Dont l'innocence embellit les attraits,
Sautaient gaîment, enchaînant leurs quadrilles,
Et le bonheur était peint sur leurs traits.
La marguerite et la rose enlacées,
Sur ces fronts purs étalaient leurs couleurs ;
Et ces rondeaux, aux teintes nuancées,
Semblaient autant de guirlandes de fleurs.

Lorsque leur voix, harmonieuse et pure,
Faisait entendre un suave refrain,
Ces frais accords, mélodieux murmure,
Allaient se perdre en un écho lointain ;
Et du Pasteur la touchante parole,
Venant se joindre à ces chants gracieux,
Disait : « Au pauvre apportez votre obole,
Et vos plaisirs seront bénis des cieux. »

COUPLETS A UNE JEUNE FILLE,

Accompagnant un bouquet offert par une de ses amies,

le jour de sa fête.

Ce matin l'on ouvre ma porte,
Et l'amitié, d'un air discret,
Dans ma chambrette entre et m'apporte
Ces fleurs, dont j'ai fait un bouquet.
Voici la fête d'une amie,
Dit-elle ; pour un si beau jour,
Ne demeurez point endormie ;
Il faut en fêter le retour.

Avec quel plaisir je m'acquitte
De ce devoir doux et sacré !
Ce bouquet n'a pas de mérite,
Mais l'amitié l'a préparé ;
C'est elle ici qui nous rassemble
Pour célébrer un si beau jour.
Ah ! puissions-nous longtemps ensemble
Encore en fêter le retour !

PASTORALE,

Sur le retour du mois de mai.

Le premier jour
Du mois d'amour
Est célébré dans le village,
Et chaque amant,
Tendre et constant,
Doit à sa belle offrir un gage,
Le premier jour
Du mois d'amour.

Petits oiseaux,
Gentils et beaux,
Que j'ai trouvés sous la coudrette,
Depuis longtemps,
Ce jour j'attends,
Pour vous présenter à Lucette,
Gentils et beaux
Petits oiseaux.

Pauvres petits,
Hélas ! vos cris
Me redemandent votre mère ;
Mais c'est en vain,
Votre destin
Est d'être offerts à ma bergère ;
Cessez vos cris,
Pauvres petits.

Des jours bien doux
Luiront pour vous,
Qui serez près de ma maîtresse ;

A vos besoins,

Par mille soins,

Lucette, pourvoyant sans cesse,

Rendra pour vous

Les jours bien doux.

De mon amour,

En ce beau jour,

O Lucette, accepte ce gage !

Petits serins,

Tous les matins,

Rappelez par votre ramage,

Et ce beau jour,

Et mon amour.

ESSAI.

Vers composés sur la demande d'un ami.

En tremblant je monte ma lyre,
Pour essayer quelques faibles accords,
Heureux si celle qui m'inspire
Daigne, par un léger sourire,
Encourager mes timides efforts !

Viens animer ma muse jeune encore,
Amour discret qui brûles dans mon cœur ;
Et pour toucher la belle que j'adore,
Ah ! prête-moi ton charme séducteur.

Rends-la sensible à mon martyre ;
Fais-lui partager mon délire,
Et le feu qui, dans ce moment,
Fait mon bonheur et mon tourment.

Son image souvent, comme une ombre légère,
M'apparaît pendant mon sommeil ;
J'entends cette voix qui m'est chère
Dire : Jules, je t'aime,... hélas ! mais le réveil
Me fait voir, en chassant mon songe,
Que mon bonheur n'est qu'un mensonge.

POUR LE MÊME.

Portrait de son Amie.

Deux grands yeux bleus pleins de douceur,
Un teint qui fait pâlir la rose
Par son éclat et sa fraîcheur,
Une bouche où l'amour repose,
Une main, un pied gracieux,
Une ondoyante chevelure,
Encadrant sa douce figure
Dans ses anneaux capricieux.

Chacun, à ce tableau fidèle

Des traits dont je suis enchanté,

Va deviner la vérité ;

Et tous, comme elle est la plus belle,

Diront : C'est Marie, oui c'est elle.

ENVOI.

Allusion au Narcisse de la Fable.

Sans le vouloir, gente Isabelle,
Vous pensez à moi quelquefois ;
Partout à vous je me révèle,
Dans l'eau, dans les prés, dans les bois.
Au fond de cette verte allée,
Entendez-vous ? de vos chansons
Echo redit les derniers sons,
Qui se perdent dans la vallée ;
Ce bruit lointain, qui semble fuir,
De Narcisse est un souvenir.

La solitude et le silence
Habitent près de ce ruisseau,
Sous le saule qui se balance,
Et dont le pied baigne dans l'eau.
En vous promenant sur sa rive,
Vous qui possédez tant d'attraits,
Si vous apercevez vos traits
Dans cette glace fugitive;
En vous voyant avec plaisir,
Vous m'accordez un souvenir.

Sur le gazon, quand le Narcisse
Etale ses pâles couleurs,
Vos yeux admirent son calice,
Qui se distingue dans les fleurs.
Alors, sur son aile embaumée,
Si Zéphire emporte vers vous
L'encens délicat et si doux
De sa corolle parfumée;
En éprouvant quelque plaisir,
Vous m'accordez un souvenir.

Mais un souvenir éphémère,

Qui naît et meurt en un instant,

Ressemble à la feuille légère,

Qui tombe et qu'emporte le vent.

Accordez plus à ma tendresse,

Et contentez mon seul désir ;

Si vous lisez avec plaisir

Les couplets que je vous adresse,

Pour leur auteur, à l'avenir,

Gardez un tendre souvenir.

IMPRESSIONS.

Pourquoi suis-je triste et rêveur ?
Quel caprice ! quelle folie !
Quelle étrange mélancolie
Subitement remplit mon cœur !
Pourquoi maintenant le bonheur
Fuit-il de mon âme assombrie ?
L'amour seul en est cause.... oui, j'aime, je le sens ;
Je n'en saurais douter au trouble de mes sens.

Je cherche en vain la solitude ;

J'emporte dans mon cœur le trait qui l'a percé ;

La plus étrange inquiétude,

Dans mon esprit, a remplacé

Les paisibles plaisirs, et l'amour de l'étude,

Et les songes brillants dont je m'étais bercé.

Partout d'une femme charmante

La douce image me poursuit ;

Et cette beauté qui m'enchante

Me fait rêver le jour, me fait rêver la nuit.

Quand elle est là, je rougis, je soupire ;

Mais je ne puis rien exprimer,

Et moi, qui sais si bien l'aimer,

Je ne sais comment le lui dire.

Désirez-vous savoir quel est l'objet

De mes rêves, de ma tendresse ;

Connaître enfin l'aimable enchanteresse,

Qui sut m'inspirer ce billet ?

Vous le lisez, Camille, il est à son adresse.

DECLARATION

Sous la forme d'une plaisanterie.

Pour te peindre mes feux, trop aimable Emilie,
Si j'accorde mon luth, pardonne à ma folie ;
Si ta noble fierté pouvait s'en offenser,
Ne blâme pas les vœux que j'ose t'adresser.
Quel est le plus coupable, ah ! dis-le-moi toi-même,
De l'amant malheureux, ou de celle qu'il aime ?

Pourquoi t'armerais-tu d'une injuste rigueur,
Envers celui qui fait l'offrande de son cœur?
Je m'abuse, insensé ; puis-je, sous l'humble chaume,
Recevoir la beauté qui mérite un royaume !
Pour oser élever mes regards jusqu'à toi,
O ma divinité ! je voudrais être roi ;
On me verrait alors descendre de mon trône,
Et placer à tes pieds mon sceptre et ma couronne ;
Mais je ne puis t'offrir les grandeurs de la cour,
Et si tu compatis à mon ardent amour,
Tu n'auras pour palais qu'une simple chaumière,
Où toujours le bonheur fermera ta paupière ;
Tu n'auras pour seul bien que mon joli troupeau,
Et ton miroir sera le cristal d'un ruisseau.
J'irai, chaque matin, au lever de l'aurore,
Composer ta couronne avec les dons de Flore ;
A l'ombre d'un ormeau, dans un repas frugal,
Du lait seul et des fruits feront notre régal ;
Le soir, un lit formé de mousse et de fougère
Recevra tes appas, ô ma belle bergère !
Tu goûteras en paix un bienfaisant sommeil,
Jusqu'à l'heure où l'aurore annonce le soleil ;
Les oiseaux d'alentour, par leur tendre ramage,
Sur les bosquets voisins, viendront te rendre hommage.
Ah ! ce séjour pour moi sera délicieux,

Si tu consens enfin à régner en ces lieux.

Prononce sur mon sort ; que ta bouche jolie

Dicte l'arrêt qui doit décider de ma vie.

Si j'ai pu t'offenser, pardonne-moi les vœux

Que t'adresse, en tremblant, un berger malheureux.

DAPHNIS.

LES ECOLIERS ET LE PAPILLON.

Fable.

1

Jetant ses premières lueurs,
Phébus faisait pâlir l'aurore,
Dont les larmes brillaient encore,
Comme des perles, sur les fleurs.
Une charmante matinée,
Le souffle tiède des zéphyrs,
Tout annonçait une journée
Brillante et fertile en plaisirs.

Aussi, c'était jour de vacance :
Un essaim de jeunes enfants
S'avançait avec pétulance,
Heureux d'avoir la clef des champs ;
Des prés ils foulaient la verdure,
Fous comme sont les écoliers,
Quand ils ne voient plus la figure
Des professeurs et des portiers.
A son gré chacun d'eux moissonne :
L'un de roses forme un bouquet,
L'autre compose une couronne
De pervenches et de muguet.
A cet âge tout est caprice.
Posé sur un frêle bluet,
Dont l'air agitait le calice,
Un papillon vient à leurs yeux
Offrir le tissu merveilleux
De ses ailes éblouissantes,
Où l'or, l'émeraude et l'azur
Mêlaient leurs couleurs éclatantes
Avec le carmin le plus pur.
Sa beauté soudain les entraîne ;
Adieu les fleurs, tout leur désir
C'est de le prendre, et dans la plaine
Ils s'élancent pour le saisir.

Bientôt la malheureuse bête,
Par eux traquée en vingt endroits,
Effrayée et perdant la tête,
Est prise par les plus adroits.
Au même instant, de sa défaite
Un cri joyeux est le signal.
Pour nos étourdis quelle fête
De toucher le bel animal !
L'un saisit le corps, l'autre une aile,
Par la tête un autre le prend ;
Tous le tirent, chacun s'en mêle :
Voilà mon papillon mourant.
Bientôt il est méconnaissable,
Il en reste à peine un lambeau ;
Telle fut la fin misérable
D'un insecte jadis si beau.

Un sort brillant est peu durable ;
C'est la morale de ma fable.

CONTE

Tiré d'une vieille légende.

Porté par un maigre mulet,
Jean s'en allait à l'aventure,
Sans s'occuper de son valet
Qui de près suivait sa monture.
Ce serviteur, vieux et cassé,
De fatigue était harassé :
Dans des montagnes rocailleuses
Cheminant depuis le matin,
Il sentait ses jambes cagneuses
Près de le laisser en chemin.

Anéanti par la souffrance,
Suant, haletant, morfondu,
Il perdait enfin patience,
Et criait qu'il était rendu.
— Cesse ta plainte, et prends courage :
Ne vois-tu pas, lui dit Jeannot,
Que nous arriverons bientôt
Au terme de notre voyage ?
— On a, répond-il, bientôt fait
De donner des conseils aux autres,
Lorsque les jambes d'un mulet
Sont là pour ménager les nôtres :
Si vous me laissiez prendre place
Derrière ou devant vous parfois,
Voilà, je dirais : Encore passe ;
Mais non, c'est toujours, je le vois,
Au pauvre à porter la besace.
— Pour te soutenir en marchant,
Lui dit Jean, je tiens ton affaire :
Après la queue en t'accrochant,
Tu pourras suivre par derrière.
Aussitôt dit, aussitôt fait.
Se tenant aux crins de la bête,
Le valet enchanté s'apprête
A suivre le pas du mulet.

Ce quadrupède difficile
De sa nature est peu docile :
Le nôtre était têtu surtout ;
Et si, pour aller, cette mode
Aux deux autres semblait commode,
Elle était fort peu de son goût ;
Car soudain, ruant en arrière,
D'un coup de pied bien appliqué,
Il fait rouler dans la poussière
Le pauvre diable disloqué.
Encor tout meurtri de sa chute,
Notre valet, domptant son mal,
Sur la peau du sot animal
Jure de venger sa culbute.
Il se relève furieux,
Saisit un caillou monstrueux,
Et dans sa colère il ajuste :
Le tout était de viser juste ;
Mais, hélas ! il manque son but.
Le caillou, traversant l'espace,
Vient frapper dans une autre place ;
Et Jean dans le dos le reçut.
De ce dernier qu'on se figure
La douleur et l'étonnement !
Hé ! dit-il en se retournant,

D'où vient cette mésaventure ?
— Votre mulet m'a renversé,
Répond le valet courroucé.
— Ah ! j'entends : la vilaine bête
Vient de faire un coup de sa tête ;
Et si tu n'es pas ménagé,
Je ne suis pas mieux partagé :
Son pied qui, frappant ta poitrine,
T'envoyait toiser les terrains,
En m'atteignant aussi l'échine,
A failli me casser les reins.

Qu'on juge, en lisant cette histoire,
Ecrite dans un vieux grimoire,
Si le mulet était plus sot
Que le valet ou que Jeannot.

LE VRAI BUVEUR.

Joyeux amis, que le plaisir rassemble,
Fêtons Bacchus, fêtons le dieu du vin ;
Trinquons, buvons, chantons, rions ensemble,
Et répétons : Vive ce jus divin !

Qu'un soldat avide de gloire
Par des exploits veuille illustrer son nom,
   Et gaîment vole à la victoire,
Malgré le bruit et le feu du canon ;
Si de la poudre il aime la fumée,
Nous préférons celle de ces flacons
Dont la liqueur fougueuse et parfumée
Fait dans les airs voltiger les bouchons.

   Que des amants toujours fidèles
Pour des beautés soupirent nuit et jour ;
   Et que leurs cœurs, près de ces belles,
Soient enivrés de bonheur et d'amour.
Du franc buveur l'ivresse est plus durable :
Il n'a jamais souci de l'avenir ;
En chancelant s'il se lève de table,
C'est dans l'espoir d'y bientôt revenir.

   Maint avocat ou maint évêque,
Qui veut plaider ou nous faire un sermon,

Consulte sa bibliothèque
Pour nous citer Cujas ou Salomon.
Dans ses bouquins il puise la science
Dont avec peine il bourre son cerveau :
Mais le buveur ne doit son éloquence
Qu'aux vieux flacons rangés dans son caveau.

Qu'aux chances d'un lointain voyage
Un commerçant ait confié son sort ;
    Pour son trésor, il craint l'orage,
Tant qu'il n'est pas à l'abri dans le port.
Mais un buveur, lorsque le sarment gèle,
En dort-il moins ? est-il plus soucieux ?
Avec chagrin voit-il tomber la grêle,
Tant que ses fûts renferment du vin vieux ?

Le marin bravant les tempêtes,
Le chevalier vainqueur dans les tournois,
    Le guerrier lassé de conquêtes,
Méritent-ils qu'on vante leurs exploits ?

Le vrai héros, c'est le buveur capable
De mettre à sec un flacon en deux coups ;
Et le vainqueur, celui qui reste à table,
Quand dès longtemps les autres sont dessous !

COUPLETS SATIRIQUES,

Concernant des vers dont on s'était fâché.

Pour des couplets sans importance,
A tort vous prenez de l'humeur ;
Vous savez que toujours, en France,
Du rire l'on fut amateur.
La pièce vous paraît piquante,
Et les compliments aigres-doux :
Ne voyez-vous pas qu'on plaisante ?
Morbleu ! de quoi vous plaignez-vous ?

De tout temps on eut la satire
Pour redresser les maladroits ;
Et Béranger nous a fait rire
Souvent aux dépens de nos rois.
De vos petits travers nous sommes
Bien libres de rire entre nous ;
On chansonna de plus grands hommes :
Morbleu ! de quoi vous plaignez-vous ?

On sait qu'aux sifflets du parterre
Plus d'un auteur a dû son nom ;
Et sans les pamphlets de Voltaire,
Eût-on jadis connu Fréron ?
Vos grands exploits à la lumière
N'eussent jamais paru sans nous ;
Nous vous tirons de la poussière :
Morbleu ! de quoi vous plaignez-vous ?

Au lieu de vous vanter sans cesse,
De vous pavaner sans raison ;

Pour constater votre noblesse,
Montrez-nous donc votre blason ?
Vous portez la tête bien haute ;
Personne ici n'en est jaloux,
Mais on en rit ; c'est votre faute :
Morbleu ! de quoi vous plaignez-vous ?

Très-amoureux de vos figures,
Vous faites tracer vos portraits,
Pour laisser aux races futures
Un duplicata de vos traits.
Mais ces vers sont une peinture
Où l'on vous représente tous ;
S'ils vous rendent d'après nature,
Morbleu ! de quoi vous plaignez-vous ?

Bref, pour avaler la pilule
Ne faites pas tant de façons ;
Car votre morgue ridicule
Méritait bien quelques leçons.

Si vous trouvez celle-ci bonne,
Ayez soin d'en profiter tous ;
C'est pour rien que je vous la donne :
Morbleu ! de quoi vous plaignez-vous ?

CHANSON DE TABLE,

Composée en 1848, pour un banquet offert aux musiciens du Jura.

Air : Savez-vous bien ce qu'il faut aux fillettes ?

De tous les maux savez-vous le remède ?
Contre l'ennui savez-vous qui nous aide ?
      C'est le bon vin.
    Trop heureux qui le possède !
A ce nectar, soucis, chagrins, tout cède ;
      C'est le bon vin
    Qui nous met tous en train.
    Oui, (*bis*) c'est le bon vin,
C'est le bon vin qui nous met tous en train.

Parmi les dons que nous fait la nature,
Que préféraient les enfants d'Epicure ?
C'est le bon vin ;
C'est cette liqueur si pure,
De nos banquets enivrante parure :
C'est le bon vin
Qui nous met tous en train.
Oui, (*bis*) c'est le bon vin,
C'est le bon vin qui nous met tous en train.

Où ce gros moine à la face vermeille
Prend-il ce teint qui lui sied à merveille ?
Dans le bon vin ;
Dans le vieux jus de la treille :
Son vermillon provient de la bouteille.
C'est le bon vin
Qui nous met tous en train.
Oui, (*bis*) c'est le bon vin,
C'est le bon vin qui nous met tous en train.

Quand un amant est trahi par sa belle,
Qui peut lui faire oublier l'infidèle ?
C'est le bon vin,

Cette liqueur immortelle ;
Peine d'amour se dissipe près d'elle :
C'est le bon vin
Qui bannit le chagrin.
Oui, (*bis*) c'est le bon vin,
C'est le bon vin qui nous met tous en train.

D'une beauté si l'humeur est altière,
Savez-vous bien ce qui la rend moins fière?
C'est le bon vin.
Plus d'une vertu sévère
Chancelle, tombe, hélas! auprès d'un verre,
Et le bon vin
Fait palpiter son sein.
Oui ; (*bis*) c'est le bon vin,
C'est le bon vin qui nous met tous en train.

Ce bon vieillard qui nous légua la vigne,
Noé, jadis, oublia sa consigne,
Dans le bon vin.
Que le buveur le plus digne
Prenne son nom comme un honneur insigne,
Et, dans sa main

Tenant son verre plein,

Qu'il chante : C'est le vin,

C'est le bon vin qui nous met tous en train.

Si de nouveau le maître du tonnerre

Lâche un déluge un jour sur cette terre,

Qu'il soit de vin !

Nous bénirons sa colère,

Et dans les flots, chacun, plongeant son verre

Boira sans frein,

En chantant ce refrain :

Oui, (*bis*) c'est le bon vin,

C'est le bon vin qui nous met tous en train.

Si ma dépouille un jour est déposée

Dans un tombeau, qu'elle y soit arrosée

De ce bon vin !

Je souris à la pensée

De recevoir cette douce rosée :

Un chérubin

Même envîrait ce bain.

Oui, (*bis*) c'est le bon vin,

C'est le bon vin qui nous met tous en train.

Qui peut sauver tout un peuple d'esclaves :
L'émanciper et briser ses entraves?
           C'est le bon vin ;
      C'est lui qui produit les braves :
Que de héros sont sortis de nos caves !
        Le dieu du vin
      Conduit Mars par la main.
     Oui, (*bis*) c'est le bon vin,
C'est le bon vin qui nous met tous en train.

Quand d'un pays l'embarras se complique,
Comment sort-on de cet état critique?
           Par le bon vin.
       Pour sauver la république,
Choisissons donc un buveur qui s'applique
        A faire enfin
        Estimer le bon vin.
     Oui, (*bis*) c'est le bon vin,
C'est le bon vin qui nous met tous en train.

Ce gai chanteur, à la forte carrure,
A quoi doit-il sa voix sonore et pure?
           C'est au bon vin.

En fait de vin, on l'assure,
Il aime assez à doubler la mesure ;
Car le bon vin
Rend le timbre argentin.
Oui, (*bis*) c'est le bon vin,
C'est le bon vin qui nous met tous en train.

Pour célébrer dignement la musique,
Je n'ai trouvé, dans mon cerveau bachique,
Que le bon vin.
C'est sans fruit que je m'applique ;
J'ai beau courir après la rime en ique :
Toujours le vin
M'inspire ce refrain :
Oui, (*bis*) c'est le bon vin,
C'est le bon vin qui nous met tous en train.

Pardonnez-moi les écarts de ma lyre,
Joyeux amis : ce qui me les inspire,
C'est le bon vin.
Animé de son délire,
Il est permis de tout faire et tout dire,

Et le bon vin
Ne connaît pas de frein.
Oui, (*bis*) c'est le bon vin,
C'est le bon vin qui nous met tous en train.

LETTRE

A M. A. V..., médecin.

Hé! monsieur, dormez-vous? Alphonse, êtes-vous mort?
Enfin, répondez-moi, quel est donc votre sort?
Le temps, avec sa faux, pour terminer vos peines,
Aurait-il de vos jours brisé les tristes chaînes?
Seriez-vous descendu dans le sombre manoir?
Et de boire avec vous dois-je perdre l'espoir?
Ou plutôt, concentré dans votre solitude,
Consacrez-vous vos jours et vos nuits à l'étude?

Non : je crois que, laissant les soucis de côté,
Dans une nonchalante et douce oisiveté,
Vous laissez fuir le temps à la marche rapide,
Endormi dans les bras d'une nouvelle Armide
Dont le voile trahit les gracieux contours
D'un beau corps modelé par la main des amours.
Ah ! qu'il est doux ainsi, dans sa gente demeure,
D'attendre que le jour marque sa dixième heure !
Et combien vous devez vous estimer heureux
De pouvoir vous livrer à vos goûts paresseux !
Mais il ne suffit pas, croyez-moi, dans la vie,
De passer tout son temps au culte d'une amie ;
Il faut, mon cher Alphonse, encore à l'avenir,
Dans votre excellent cœur garder un souvenir
Pour un ancien ami qui, dans votre tendresse,
Réclame un petit coin près de votre maîtresse.

LE PLAISIR ET L'AMOUR.

L'amour est un dieu qui voyage
Côte à côte avec le plaisir :
L'un est trompeur, l'autre est volage ;
Le plus prudent, c'est de les fuir.
Mais de ce conseil salutaire
Nul ne profite et chaque jour
On voit courir sur cette terre,
Après le plaisir et l'amour.

De ces enfants inséparables
Chacun cherche à grossir la cour.
Il est peu de plaisirs durables
Sans qu'il s'y mêle un peu d'amour.
Un cœur que l'amour seul entraîne
De ses coups doit se garantir ;
Car l'amour serait une peine
S'il existait sans le plaisir.

Tous deux sont charmants, mais leurs
Trahissent leur goût inconstant :
Ils courtisent toutes les belles,
Mais ne s'arrêtent qu'un instant ;
Ils dédaignent, dans leur passage,
La coquette sur le retour ;
Et tout nous dit qu'il n'est qu'un âge
Pour le plaisir et pour l'amour.

VERS

**En réponse à une pièce faite par un de mes amis, sur l'origine
de la couleur de la rose.**

Compagnon de mes jeux, ami de mon enfance,
Avec qui j'éprouvais si douce jouissance,
Dans ces instants heureux consacrés au plaisir ;
Ton souvenir se mêle à ceux de mon jeune âge,
Et rappelle à mon cœur ce printemps sans nuage,
Où nous rêvions ensemble un brillant avenir.

Dans ces vers gracieux j'ai reconnu ton style
A la fois élégant, harmonieux, facile ;
Et tes légers pinceaux au coloris si frais,
Dont tu possèdes seul et gardes les secrets.
Je crois ce que tu dis de la métamorphose
Que l'Amour offensé fit subir à la rose.
Mais dans ton beau récit je remarque une erreur :
De ce dieu la vengeance eût été trop cruelle,
S'il en eût pour toujours altéré la couleur ;
Il n'infligea donc pas une peine éternelle.
Je te dirai qu'un jour, sur le front d'Isabelle,
Inspiré par l'Amour, j'ai placé cette fleur :
Soudain, devant l'éclat de ce teint qui m'enchante,
J'ai vu pâlir la rose, et sa robe éclatante
A repris aussitôt sa première blancheur.
En l'approchant ainsi de ce charmant visage,
L'Amour, en un instant, a détruit son ouvrage.

A M. W. G..., AVOCAT,

**En lui envoyant le dessin d'une grotte qu'il m'avait demandé
pour son jardin de B...**

Toujours aimé, quoique volage,
De tes plaisirs tu vois l'image
Dans cette eau pure dont le cours
Fuit sans cesse et renaît toujours.
Près des belles ton éloquence
Fait oublier ton inconstance.

Tu connais l'art de les charmer,
Même par tes goûts infidèles ;
Et ce qui nous perd auprès d'elles,
C'est là ce qui t'en fait aimer.

Au fond de cette grotte humide,
Avec une beauté timide
Si l'amour te guide en secret,
Ah ! crains le gazon indiscret.
Mais de cette heureuse retraite
La Naïade sera muette ;
Et si tu l'entends murmurer,
C'est que son onde fugitive
Avec regret quitte une rive
Où le cœur aime à soupirer.

REPONSE

A l'envoi d'une corbeille de fleurs en broderie.

Merci de ta riche corbeille,
Présent pour moi si précieux ;
Que de souvenirs gracieux
Dans mon âme aimante elle éveille !

De ta fraîcheur, de ta beauté
La rose exprime le mérite ;
Ta touchante simplicité
Est peinte dans la marguerite.

Ce liseron de ta candeur
Offre la gracieuse image ;
En un mot, tout parle à mon cœur
Dans ce délicieux ouvrage.

L'amour, par ses tendres ardeurs,
Vers toi de plus en plus m'entraîne :
Pense-t-on à rompre une chaîne
Dont tous les anneaux sont des fleurs ?

L'HIVER.

Du soleil la douce influence
Devient plus faible chaque jour ;
Et du sombre hiver qui s'avance
Tout nous annonce le retour.
Les arbres n'ont plus de feuillage ;
Les fleurs dans les champs ont péri ;
Les oiseaux quittent le bocage,
Qui ne leur offre plus d'abri ;

Fuyant le froid qui nous arrive,
Fuyant la neige et les frimas,
Ils abandonnent cette rive,
Pour chercher de plus doux climats.

Si le pauvre, avec sa besace,
Hélas! pouvait aussi, comme eux,
De la saison qui le menace
Eviter les mois rigoureux!
Mais non; dans de rudes alarmes,
Contre la faim il se débat,
Sans feu, sur un mauvais grabat
Souvent arrosé de ses larmes.
Riches, vivant dans les douceurs,
N'allégerez-vous point ses peines?
Le froid, qui glace les fontaines,
A-t-il aussi glacé vos cœurs?

PORTRAIT DE JUSTINE.

Portrait chéri, charmant visage,
Brillant d'éclat et de fraîcheur,
Tu m'offres la fidèle image
De celle qui fixa mon cœur.
En admirant cette peinture,
En voyant ces traits ravissants,
De sa voix si douce et si pure
Je crois entendre les accents.

C'est là son gracieux sourire
Plein de charme et de volupté ;
C'est là sa bouche dont j'admire
Le dessin et le velouté :
Une tendre mélancolie
Se lit dans son charmant contour ;
Mais sur cette bouche jolie
Peut-on prendre un baiser d'amour ?

C'est bien le regard de Justine,
Rempli d'esprit et de douceur ;
C'est bien là sa taille divine ;
C'est bien son sourire enchanteur.
Mais, malgré tout le talent même
Que l'on mettrait à le tracer,
Le portrait de celle qu'on aime
Ne peut jamais la remplacer.

Sur la fuite d'un petit oiseau.

Pourquoi fuis-tu, petit volage,
Loin de Justine et du bonheur ?
Par quel caprice, ou quelle erreur
Viens-tu d'abandonner ta cage ?
Cherches-tu dans la liberté,
Dans une vie aventureuse,
Une existence plus heureuse
Que ta douce captivité ?
Crois-tu que, loin de cette belle,

Tu pourras trouver de beaux jours?
Peux-tu bien, petit infidèle,
La quitter lorsque les amours
Viennent se fixer auprès d'elle?

Hélas! combien son cœur aimant
Va gémir de ta longue absence!
Etourdi, ta folle imprudence
Sera cause de son tourment :
Tremblante sur ta destinée,
A chaque instant de la journée
Elle craindra quelque malheur ;
Redoutant jusqu'au moindre orage,
Le vent, le plus léger nuage
Pour toi feront battre son cœur ;
Du froid l'influence mortelle,
Du milan la serre cruelle,
Jusqu'aux filets de l'oiseleur,
Tout augmentera sa frayeur.

Entends sa voix qui te rappelle ;
Inconstant, reviens auprès d'elle ;
Viens te reposer dans sa main ;
Cette main blanche et potelée

Qu'amour lui-même a modelée ;
Cette main qui, chaque matin,
Avec soin entourait ta cage
De mousse verte et de feuillage,
En venant te donner ton grain.

Ingrat, prends pitié de sa peine :
Ses yeux, qui captivent les cœurs,
Et dont le charme nous entraîne,
Ne doivent pas verser des pleurs.
Viens mettre fin à ses alarmes ;
Elle bénira ton retour :
Des champs le plus riant séjour
Ne vaut pas une de ses larmes.

CONSULTATION GRATUITE

Sur les maux du cœur.

Jadis l'amour, dit un auteur,
Fut atteint d'une maladie ;
Les soupçons et la jalousie
Redoublaient sans cesse l'ardeur
Du mal qui menaçait sa vie.
Cypris, se voyant en danger

De perdre une tête si chère,
Un matin partit de Cythère
Sur un char rapide et léger,
Pour interroger les oracles
D'Esculape dont le talent
Opérait partout des miracles.

Après avoir, sans accident,
Dans les airs parcouru sa route,
Notre immortelle arrive au lieu
Où l'on voit s'élever la voûte
Du temple qu'habite le dieu.
Elle traverse les portiques
Encombrés de paralytiques,
De catarrheux, d'êtres souffrants,
De coquettes dont le visage
Etait flétri par le ravage
Du libertinage et des ans.
Elle pénètre dans l'enceinte
Où le dieu puissant présidait :
C'est là qu'il écoutait la plainte
Du malheureux qu'il consolait.
Ce grand maître de la science
Qui soulage l'humanité
Avait près de lui la Prudence,

L'Expérience et la Santé :
On voyait briller la sagesse
Sur son front respecté des ans ;
On trouvait l'éclat du printemps
Dans ses traits remplis de noblesse.
Vénus l'aborde, et tristement
Lui dit le sujet qui l'amène.
— Pour mettre un terme à ton tourment,
Répond-il, ma science est vaine,
Et l'art dont je suis possesseur
Ne peut rien sur les maux du cœur ;
Mais apprends qu'il est un vieux sage,
Dont l'esprit règle l'avenir,
Et qui sème sur son passage
Biens et maux, douleur et plaisir ;
C'est le temps : parmi ses recettes,
Il en est une pour l'amour :
L'oubli, qui peut de jour en jour
Affaiblir ses douleurs secrètes.

Jeunes beautés, tendres amants,
Qui connaissez la peine extrême,
Le dépit, l'ennui, les tourments
D'être trahi par ceux qu'on aime,

Pourquoi donc vous en affliger ?
Mettez en pratique un remède
Simple, facile, et qui possède
La vertu de vous soulager :
Le temps, pour adoucir vos peines,
Vos soucis et votre chagrin,
A des recettes souveraines :
N'ayez pas d'autre médecin.

REGRETS ET SOUVENIRS.

A seize ans je connus l'amour :
Seize ans, c'était bien jeune encore !
Julie était à son aurore ;
Son cœur me paya de retour.
Elle jura d'être fidèle ;
Et moi, qui l'aimais ardemment,
Je promis de n'adorer qu'elle :

Par ce double et tendre serment,
Je fus fixé près de Julie.
J'étais jeune, j'étais aimant;
Mon amante était si jolie!
Un sentiment délicieux,
Près d'elle remplissait mon âme,
Et je puisais dans ses beaux yeux
Le doux aliment de ma flamme.
Séduit par sa douce candeur,
Par sa foi si souvent jurée,
Il me semblait que mon bonheur
Serait d'éternelle durée ;
Mais il passa comme un beau jour :
Mon amante fut infidèle.
Ah ! pourquoi l'inconstance a-t-elle
Donné des ailes à l'amour !
Le temps, qui passe pour un sage,
Le temps, qui sut nous désunir,
Devait au moins, dans son passage,
Effacer jusqu'au souvenir
De ces beaux jours de mon jeune âge ;
Mais mon cœur ne peut oublier
Ces entretiens remplis d'ivresse,
Et ce bocage hospitalier,
Où ce cachait notre tendresse ;

Ces arbres au bord du chemin,
Avec leur peau tendre et polie,
Où mon nom, tracé de sa main,
S'enlace à celui de Julie.
« Conservez, leur dit-elle un jour,
« Témoins discrets et solitaires,
« Ces deux noms unis, dont l'amour
« Vous a rendus dépositaires ;
« Et n'apprenez qu'aux vrais amants,
« Dont nous vous offrons les modèles,
« Notre bonheur, et les serments
« Que nous faisons d'être fidèles. »

Hélas ! ces moments sont passés,
Moments les plus beaux de ma vie !
Et nos chiffres entrelacés,
Gravés sur cette écorce unie,
Ne sont pas encore effacés.
Adieu, doux rêves de jeunesse ;
Avec vous le bonheur a fui :
Je reste seul, et ma maîtresse,
Dans les bras d'un autre aujourd'hui,
Rit peut-être de ma faiblesse !..
. . . .

Dans ce mystérieux réduit,
Dans ce vallon, où, loin du monde,
L'amour tant de fois m'a conduit,
J'exhale ma peine profonde,
Dans le silence de la nuit.
Comme moi, malheureuse et tendre,
Cherchant ce refuge isolé,
Philomèle me fait entendre
Le cri de son cœur désolé ;
Et lorsque l'écho de la rive
De sa voix touchante et plaintive
Répète les sons expirants,
Ma peine me semble moins vive,
Mes souvenirs moins déchirants :
Je sens alors couler mes larmes,
Comme un baume sur mes douleurs ;
Et je trouve encore des charmes
A verser en secret des pleurs.

Mais, en pensant à son parjure,
Dois-je prolonger mon chagrin ?
Ou plutôt, des maux que j'endure
Ne faut-il pas chercher la fin ?
D'ailleurs, ces amantes d'une heure

Méritent-elles qu'on les pleure?

Non, je veux oublier ses torts,

Et pardonner à l'infidèle :

Le temps, là honte et les remords

Sauront assez me venger d'elle!

VERS

Accompagnant l'envoi d'une pensée.

L'automne, de sa froide haleine,
Des prés a jauni le gazon ;
Et les troupeaux, quittant la plaine,
Tristement gagnent la maison.
Les champs ont perdu leur parure,
Plus de tapis gais et fleuris ;
Loin du bocage sans verdure
S'envolent les jeux et les ris.
Dans ces vastes jardins, que Flore
Parait de ses vives couleurs,
Un papillon voltige encore ;
Mais en vain il cherche des fleurs :

Tout est flétri, jusqu'à la rose,
Hélas ! et la dernière éclose
Partage le sort de ses sœurs.
Parmi toutes ces fleurs fanées,
Et sur leurs tiges inclinées,
J'aperçois, malgré la saison,
Une délicate pensée,
Qui reste seule et délaissée,
Dans une touffe de gazon.

Acceptez cette fleur tardive,
Que pour vous je viens de cueillir :
Quoique seule, elle est toujours vive ;
C'est l'emblême du souvenir.
Qu'elle soit la touchante image
De mon amour et de ma foi :
Chaque jour, en voyant ce gage,
Chère Léa, pensez à moi.

LA SOURCE DU LISON.

Ces rochers imposants, couronnés de feuillage,
  Se déroulant comme un rideau ;
Cette nappe liquide et ce beau paysage :
  Quel magique et riant tableau !
En contemplant ces lieux, cette riche nature,
  De plaisir mon cœur se troubla :

D'où venait cet émoi, cette ivresse si pure?
      C'est que mon amante était là !

L'air jouait, frais et pur, sous un ciel sans nuage,
      Tout souriait en ce beau jour ;
Et la brise légère, à travers le bocage,
      Se mêlait à nos chants d'amour.
Le charme séduisant d'une discrète flamme
      A tous mes sens se révéla :
Pourquoi tant de bonheur remplissait-il mon âme?
      C'est que mon amante était là !

S'inclinant vers les monts qui bordent la prairie,
      Le soleil, près de son déclin,
A cette ravissante et vague rêverie,
      Hélas ! trop tôt vint mettre fin.
Sur les bords enchantés de cette onde limpide,
      Le temps bien vite s'écoula :
Si des heures, pour moi, le vol fut si rapide,
      C'est que mon amante était là !

Ce voyage charmant, cette femme céleste

    Pour moi vivront dans l'avenir :

Que toujours, dans mon cœur, sa noble image reste,

    Comme un précieux souvenir :

Si je revois un jour ces riantes campagnes,

    Et le gazon qu'elle foula,

Ma voix fera redire aux échos des montagnes :

    Mon amante, que n'es-tu là !

L'ERMITAGE DE NINA.

Loin du tumulte de la ville,
Loin des jaloux et des méchants,
Une maisonnette tranquille
Se dessine au milieu des champs.
Simple dans son architecture,
Elle est commode sans apprêts ;
Ses murs, bâtis à peu de frais,
Sont décorés par la verdure.
A l'entour est un grand jardin,
Orné de fleurs par la nature ;

On y voit croître, sans culture,
Le lis, la rose et le jasmin.
Ce lieu divin doit, à toute heure,
Etre visité par l'amour.
C'est là, Nina, l'heureux séjour
Que j'ai choisi pour ta demeure :
Un gazon odorant et frais
Déjà l'entoure et le décore ;
Mais tes grâces et tes attraits
Bientôt vont l'embellir encore.

Quand tu viendras dans un bosquet,
Charmante, quoique sans parure,
Composer un simple bouquet,
Pour en orner ta chevelure ;
Et quand le zéphire amoureux,
Volant sur ces vertes pelouses,
Viendra jouer dans tes cheveux,
Tu rendras les roses jalouses.

Sous ces bocages toujours verts,
Dans ce séjour digne d'envie,

Je veux, oubliant l'univers,
Près de toi, consacrer ma vie
Au dieu qui m'inspira ces vers.
Viens régner dans cette retraite
Qu'en secret un ami t'apprête :
Viens, le bonheur nous attend là !
Et s'il est un lieu sur la terre
Fait pour l'amour et le mystère,
C'est l'Ermitage de Nina.

A Melle A. R...,

'avait fait goûter une amande sur laquelle elle avait gravé un nom.

jour, Adélaïde, où vous m'avez prédit
    Que, la nuit, je verrais en songe
beauté dont le nom par vous était écrit
    Sur la surface de ce fruit,
ne vis là qu'un gracieux mensonge ;
    Mais je fus bien désabusé :

Votre dangereux badinage
Ne s'est que trop réalisé :
Un rêve m'offrit son image.
Vos jeux trompeurs, cruelle, ont causé mon malheur :
Ma douce indifférence à jamais m'est ravie ;
Car cette image dans mon cœur
Se grava pour la vie.

A Melle E. C..., jeune poète,

Qui m'avait demandé des vers.

La poésie est un langage
Réservé pour les jeunes cœurs,
Et la plus folle des erreurs
Serait de rimer à mon âge.
On me dira que vos leçons
Pourraient réveiller mon génie,
Vous, la fille de l'harmonie,
Dont le luth a de si beaux sons.
Hélas ! c'est un espoir frivole :
Comme une flamme qui s'envole,
Et remonte au ciel azuré,

De l'Hélicon le feu sacré
Retourne aux sources immortelles,
D'où jaillissent ces étincelles
Au reflet brillant et doré,
Dont votre front est entouré.

C'est dans l'âge où le cœur soul
Qu'il faut moduler des chansons;
Et l'on doit déposer sa lyre,
Dès qu'on en sent faiblir les sons.
Les fleurs qui naissent en automne
N'ont pas d'éclat, n'ont pas d'odeur;
C'est le printemps seul qui leur donne
Et le parfum et la couleur.
Je sais que, quoique moins brillante,
La nature est encor riante
Aux rayons d'un beau jour qui fuit;
Mais ces lueurs bientôt s'effacent,
Et les ombres qui les remplacent
Sont les compagnes de la nuit.
Ainsi, quand la douce espérance
Vous promet un riche avenir,
Dans mon âme l'expérience
Ne laisse que le souvenir.

C'est à vous , jeune enchanteresse ,
A vous de chanter les plaisirs ,
Et de l'amour la folle ivresse ,
Dans l'âge des premiers désirs ;
Ces désirs qui tourmentent l'âme ,
Ce bonheur qui fait soupirer :
Dois-je encor parler d'une flamme
Que je ne puis plus inspirer ?
Egaré sur la mer des songes ,
J'y suivis longtemps les amours ;
Mais de tous ces riants mensonges
Je suis délivré pour toujours.
C'est ainsi qu'après un naufrage
Le nocher , longtemps ballotté ,
Sans crainte contemple l'orage ,
Du port où les flots l'ont jeté.

EPITRE

A mon ami Chargrasse.

Paris, la ville enchanteresse,
Fait-elle oublier les amis?
Est-ce froideur, est-ce paresse,
Qui tient là les cœurs endormis?
Petit billet, franchis l'espace;
En te lisant, bientôt Chargrasse
Sera forcé de convenir
De sa cruelle indifférence
Pour l'ami qui, pendant l'absence,
Aime à garder son souvenir.

Avec plaisir je me rappelle
Ces fêtes autour de Paris,
Et cette nature si belle,
Dont mon cœur est toujours épris ;
Ces petits bals sous le feuillage,
D'Auteuil le séduisant voyage,
Qu'ensemble nous faisions souvent ;
Et cette jeunesse légère,
Qui foulait du pied la fougère,
Au son d'un orchestre en plein vent.

Timides en galanterie,
Nous bornions souvent nos désirs,
Comme aux temps de chevalerie,
A faire l'amour en soupirs.
Aussi, sur ce quai solitaire,
Te souvient-il de la portière,
Petit minois intelligent,
A qui tu glissais à la brune,
Un billet écrit quand la lune
Nous prêtait son flambeau d'argent ?

Ma muse, longtemps engourdie,
Se réveille à ces souvenirs;
Et d'une course en Normandie
Vient me retracer les plaisirs;
Ce beau voyage sur la Seine,
Dont le cours douteux se promène
Dans des vallons accidentés;
Et ces sites pleins de délices,
Dont la nature, en ses caprices,
A paré ses bords enchantés.

Les Andelys, petite ville
Qui du Poussin fut le berceau;
Rouen, en monuments fertile,
Où Jeanne trouva son tombeau:
Rouen, dont j'abhorre la table,
Et dont le cidre détestable
Me fit pester plus d'une fois,
Quand tu riais de ma colère;
Car je n'en buvais pas un verre,
Sans regretter mon vin d'Arbois.

J'ai tellement, dans ma mémoire,
·Gravé ces détails amusants,
Que j'en pourrais faire l'histoire,
Quand je vivrais encor cent ans :
Jusqu'à la comique aventure
De cette maudite voiture
Dont le conducteur, ivre ou fou,
En faisant galopper sa rosse,
Faillit renverser le carrosse,
Et vingt fois nous rompre le cou.

Par un beau soir, quand du rivage
L'Océan s'offrit à nos yeux,
Nous étions muets sur la plage,
Devant ce tableau merveilleux :
Admirant tous deux, en silence,
L'effet de cette nappe immense,
Qui se perdait dans l'horizon ;
Et du ciel la voûte profonde,
Qui du soleil baignant dans l'onde
Recevait un dernier rayon.

Séduits par cette vaste plaine,
Nous fîmes, d'un commun accord,
Un projet de course lointaine,
Sans nous écarter de son bord :
En ramassant des coquillages,
Sur les sables de ces rivages
Nous avons longtemps cheminé ;
Pour venir, comme les abeilles,
D'Ango recueillir les merveilles,
Dans son castel abandonné.

Nos recherches, dans ces décombres,
Nous occupèrent jusqu'au soir ;
La nuit nous couvrait de ses ombres,
Quand nous quittâmes ce manoir.
Nous fûmes pris par un orage ;
Le vent soufflait, faisait tapage,
Les nuages fondaient en eau :
Etais-tu le plus fou, j'en doute,
Quand tu te dépouillais en route,
Pour ne pas mouiller ton manteau ?

Ces moments d'heureuse folie,
Par le plaisir si bien remplis,
J'admets encor qu'on les oublie,
Après trois lustres accomplis ;
Mais il est un dernier voyage,
Plus sentimental et plus sage,
Qui dans mon cœur toujours vivra :
C'est ce pèlerinage en Suisse,
Qu'avec ton vieil ami Narcisse,
Tu fis à travers le Jura.

Est-il besoin que je réveille
Ta trop indolente amitié,
En décrivant chaque merveille ?
Aurais-tu sitôt oublié
De ces rocs les grands édifices ;
Ces torrents, que des précipices
Dérobaient souvent à nos yeux ;
Et, sur les bords de ces abîmes,
Ces sapins géants, dont les cimes
Allaient se perdre dans les cieux ?

Ce lac, ces riants paysages,
Encadrés de monts sourcilleux,
Dont les chaînes sur les nuages
Elèvent leur front orgueilleux ;
Et ces neiges couvrant leurs cimes :
Tableaux étonnants et sublimes,
Que rien ne saurait exprimer !
De sa splendeur touchante image,
Dieu n'a produit ce grand ouvrage
Que pour ceux qui savent aimer !

Si des cieux les divins oracles
Par les grands cœurs seuls sont compris
De ces magnifiques spectacles
L'amitié sait doubler le prix.
C'est elle, aujourd'hui, qui t'adresse
Ces petits vers que ma tendresse
A su m'inspirer loin de toi :
Accorde-leur ton indulgence ;
Et sors de ton indifférence,
Pour penser quelquefois à moi.

ANAGRAMME

Adressé par Mlle Constance Perrard à Mme la baronne Marie E....

On donne le nom de Marie
A la Vierge au front radieux,
Qui, par sa tendresse infinie,
Nous ouvre la porte des cieux.
Aussi, dans la saison nouvelle,

Pour lui rendre hommage , on appelle
Mois de Marie , ou mois d'amour ,
Cette époque heureuse et brillante ,
Où la nature souriante
Des fleurs annonce le retour.

Il existe une autre Marie ,
Au cœur sensible et généreux ,
Qui , pour ses vertus , est chérie
Et du riche et du malheureux :
Dans sa douce voix qui console ,
L'être que le chagrin désole
Trouve un baume pour ses douleurs.
Combien de touchantes prières
Elle inspire dans les chaumières ,
Où sa main va sécher des pleurs !

Toutes deux ont droit aux louanges :
A l'une on dresse des autels ,
Et l'autre est un de ces doux anges
Qui font le bonheur des mortels.
Mais de ce beau nom de Marie

Quelle est donc la riche harmonie ?
Qu'a - t - il en lui pour nous charmer ?
C'est qu'il peint la bonté divine ;
Qu'il est de céleste origine :
C'est qu'en MARIE on trouve AIMER.

Envoi.

Avant de vous connaître , on pourrait ignorer
De ces mots gracieux l'heureuse analogie ;
Mais , dès qu'on vous a vue , on sait qu'AIMER-MARIE
Sont deux termes charmants qu'on ne peut séparer.

Pièces fugitives.

ACROSTICHE

**Impromptu, fait à la demande de mon ami J. J...,
sur le nom de Caroline.**

Capricieux dans tes désirs,

A vingt beautés tu rends hommage ;

Rien ne peut borner les plaisirs

Où t'entraîne ton goût volage.

L'amour voudrait fixer ton cœur,

Il tient un trait qu'il lui destine :

Ne le crains pas, ce trait vainqueur

Est dans les yeux de Caroline.

AUTRE.

A Madame la Baronne Marie L..,
en lui adressant une guirlande de fleurs peinte.

Mes pinceaux, pour remplir votre aimable demande,
Uraient dû réunir de plus fraîches couleurs :
Rien n'est digne de vous dans cette simple offrande ;
Il est pourtant aisé de peindre une guirlande,
En voyant sous vos pas éclore tant de fleurs.

Envoi.

Modèle de douceur, d'esprit, de modestie,
Aimable enchanteresse aux talents séducteurs,
Recevez cet envoi que mon cœur vous dédie ;
Il était naturel de vous offrir des fleurs,
Elles sont un tribut pour le mois de Marie.

1er mai 1852.

AUTRE.

Celui qui d'Hippocrate a volé le secret,
L'aimable compagnon que l'on quitte à regret,
Et dont la plume habile, avec la même aisance,
Rime un charmant couplet, ou trace une ordonnance ;
Galant, spirituel, charitable, discret,
Envers chacun, enfin, simple et plein d'indulgence :
Tous, avec moi, diront : C'est le docteur Clerget.

IMPROMPTU.

Vers demandés sur Melle Josephine B...

Une gaîté badine,
Un accueil gracieux,
Une bonté divine
Se lisent dans les yeux
De Joséphine.

A Melle R. D...,

Qui me demandait son portrait.

Pour bien rendre votre portrait,
Il faudrait un talent que je ne puis atteindre :
Je sens, en vous voyant, que j'aurais plus tôt fait
De vous aimer que de vous peindre.

VERS

**Placés au bas d'un portrait de Napoléon offert
au Général Delort.**

To qui dans le péril as su le seconder,
Enfant chéri de la victoire,
Ah ! puissions - nous encor longtemps te posséder
Parmi les débris de sa gloire !

VERS

Accompagnant un bouquet de violette.

Les fleurs ont un muet langage,
Pour les cœurs qui savent aimer ;
Et ce bouquet peut exprimer
D'un ami le discret hommage.
Ange de grâce et de bonté,
La modestie est ton partage ;
La violette est donc l'image
De ta noble simplicité.

EPIGRAMME

Sur un quatrain reçu par la poste.

Pour ces dures et sottes rimes,
Pour ce quatrain qui n'est pas sans défaut,
Il m'a fallu débourser dix centimes :
C'est deux sous de plus qu'il ne vaut.

LA

COURONNE D'OCTAVIE.

La

COURONNE D'OCTAVIE.

—◦—

PETIT POEME

sur

LES FLEURS

Adressé de Paris à Mademoiselle Octavie VUILLAME

le 1er janvier 1836.

A OCTAVIE.

Unique objet de mes pensées,
Vous dont le souvenir m'accompagne toujours,
Mon cœur vient vous offrir, par la main des amours,
Ces fleurs qu'ils ont entrelacées.

Animé du désir si doux
De peindre vos vertus, d'exprimer mon hommage,
De Flore je devais préférer le langage,
Comme le plus digne de vous.

Que cette couronne, Octavie,
Devienne désormais un lien pour nos cœurs ;
Et qu'un amour constant ne sème que des fleurs
Sur tous les jours de notre vie.

LE MYRTE, (tendresse).

Dans les riches palais de Flore,
Où le zéphire caressant
Courtisait en les balançant
Les fleurs qu'il avait fait éclore,
Ma main, venant de moissonner,
Dans le choix hésitait encore,
Et ne savait à laquelle donner
Le premier rang, pour couronner
Le front de celle que j'adore.

Mais l'amour vint me diriger,
Il m'emporta, d'un vol rapide,
Dans les riants bosquets de Gnide,
Formés de myrte et d'oranger :
Conseillé par l'amour, aimable enchanteresse,
Mon cœur a préféré l'arbre de la tendresse.

LA TULIPE, (flamme ardente).

Dans ces jardins où Flore embellit la nature,
Fière du vif éclat de mes belles couleurs,
J'offrais à tous les yeux, parmi les autres fleurs,
Les dehors variés de ma riche parure.
Désignée aujourd'hui par le plus heureux sort,
  Je vais bientôt perdre la vie ;
Mais quel trépas plus doux que de trouver la mort
  Sur le front divin d'Octavie !

LE LIERRE, (constance).

rop fragile en naissant, j'ai besoin d'un tuteur ;
Iais un arbre voisin devient mon protecteur :
Cet être généreux soutient ma faible tige,
Reçoit mes jets naissants, dans les airs les dirige ;
Il prête un appui sûr à mon corps sinueux :
J'embrasse étroitement son tronc majestueux.
Dans l'ardeur de l'été, sa cime hospitalière
Me garantit des feux du dieu de la lumière ;

Mes flexibles festons y trouvent, en croissant,

      Sans cesse une fraîcheur nouvelle :

Envers mon bienfaiteur toujours reconnaissant,

      Je vis et meurs ami fidèle.

J'ornai le front du fils de Sémélé ;

      Mais aujourd'hui j'ambitionne

Un sort plus doux, celui d'être mêlé

      Dans les fleurs de votre couronne.

Vous seule occupez la mienne.)

O vous , que j'aime avec ardeur !
O vous , dont les attraits captivent la pensée !
Souffrez que cette fleur aujourd'hui soit placée
Sur votre front charmant , où règne la candeur.
Combien on lui doit de bonheur !
Par elle on franchit la distance ;

Rien ne s'oppose à nos désirs ;
Seule elle sait charmer les ennuis de l'absence
Par de précieux souvenirs.
Par elle votre image est aussi retracée
Dans mes rêves heureux qu'elle vient embellir ;
Cette image jamais ne doit être effacée,
Et jusqu'à mon dernier soupir
Elle occupera ma pensée.

LE PAVOT, (repos).

A ces fleurs permettez que le pavot s'allie :
    Si mon cœur vous l'a réservé,
C'est pour vous procurer le repos, Octavie,
    Que vos beaux yeux m'ont enlevé.

LA ROSE, (beauté).

Vous reposez, belle Octavie ;
Votre âme goûte en paix les douceurs du sommeil :
    Que votre visage est vermeil !
Et qu'à mes yeux charmés vous paraissez jolie !
De votre blanche peau le chatoyant satin,
    Qu'un brillant incarnat colore,
A l'éclat de la fleur qu'un soufle a fait éclore,
Et qui répand dans l'air les parfums du matin.

Avec fidélité je vais peindre la rose,
    Si vous laissez à mon pinceau
    Recueillir, sur ce teint si beau,
    Les couleurs dont il se compose.

On a déjà chanté son parfum précieux,
    Et les contours si gracieux
D'un calice entr'ouvert aux larmes de l'aurore.
    Ses fraîches et vives couleurs
    L'ont fait nommer reine des fleurs.
Votre destin est bien plus doux encore :
Le rang qu'elle a dans l'empire de Flore,
    Vous le possédez sur les cœurs.

On a toujours offert la rose à la plus sage :
Qui pourrait, mieux que vous, mériter cet hommage !
    Je vous la présente en ce jour ;
    Quelle devienne un double gage
    De mon respect, de mon amour.

Mais sur votre beau front quand elle aura pris place,
On verra ces couleurs, qui causent son orgueil,
Pàlir devant l'éclat d'un teint que rien n'efface,
Et ce trône charmant deviendra son cercueil.

LA VIOLETTE, (modestie).

Cette fleur, discrète et timide,
Sous l'herbe, ou dans la mousse humide,
Fleurit loin des regards jaloux ;
Elle mérite qu'on lui donne
Une place en votre couronne :
Elle est modeste comme vous.

LA PERVENCHE, (doux souvenir)

J'ai recueilli , sur ce coteau ,
La fleur du sensible Rousseau :
Sa vue éveillait dans son âme
D'une heureuse et première flamme
Le délicieux souvenir.
Je veux la voir , à l'avenir ,
Sur le front de mon Octavie ;
Afin que cette tendre fleur ,
A tous les instants de ma vie ,
Soit un témoin de mon bonheur.

L'ŒILLET, (amour vif et pur).

Mon parfum délicat, mes formes qu'on admire,
      Et la beauté de mes couleurs
Me faisaient remarquer dans l'empire des fleurs.
Balancé doucement au souffle du zéphire,
      De tous mes droits j'étais jaloux;
Je brillais sans partage; aujourd'hui qu'on me donne
Un rang sur votre front, ma fierté m'abandonne,
Car je sais que ma fleur est moins fraiche que vous.

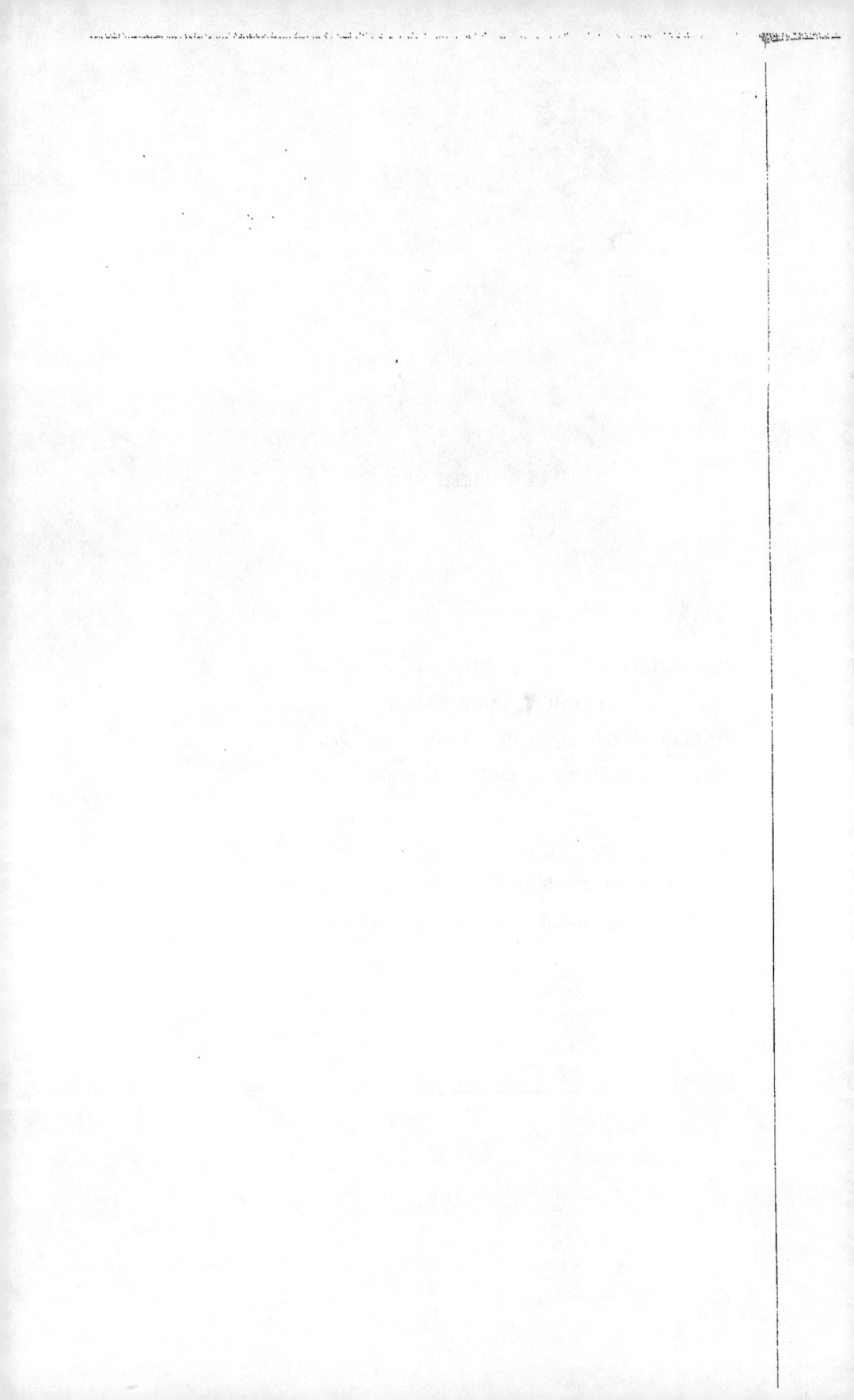

LES ROSES ET LES LIS, (fraîcheur).

Ses serpents à la main, la discorde fatale,
  Jusque dans l'empire des fleurs
  Avait répandu les fureurs
  Du venin que sa bouche exhale.
  Depuis longtemps les roses et les lis
  De la beauté se disputaient le prix :

La rose prétendait que sa rare élégance,

    Sa fraîcheur, son parfum exquis,

    Pour elle étaient des droits acquis,

    Et réclamait la préférence.

    Le lis voulait que sa couleur,

Qui de la neige même efface la blancheur,

    Et peint si bien de l'innocence

    La simplicité, la candeur,

    Pour lui fit pencher la balance.

Mais, entre ces deux fleurs, plus de dissension,

    Plus de querelle, plus d'envie;

La nature opéra cette réunion,

    En formant le teint d'Octavie.

L'ÉGLANTINE, (sincérité).

Ma fleur, sans éclat et sans grâce,
Exprime la sincérité ;
Si dans votre couronne on me donne une place,
Je devrai cet honneur à ma simplicité.

LE SOUCI, (inquiétude).

Il vous paraîtra déplacé
Que dans ces fleurs j'aie enlacé
Celle qui peint l'inquiétude :
Je n'aurais dû présenter à vos yeux
Que des objets riants et gracieux ;
Je m'en étais fait même une bien douce étude ,
Et jamais cette fleur n'eût trouvé place ici ;
Mais, en pensant au temps qu'il me fallait encore
Passer tristement loin de celle que j'adore,
J'ai vu sous mes pinceaux paraître le souci.

L'IMMORTELLE, (amour éternel).

Chaque fleur que ma main moissonne,
D'un cœur qui vous adore, exprime un sentiment;
 Mais, pour compléter la couronne
 Qui doit orner ce front charmant,
Il en est une encor qui manque en ce moment:
  Le myrte exprime la tendresse;
  Le lierre, la fidélité;
  L'églantine, sincérité;

La rose, fraîcheur et sagesse ;
La pervenche, doux souvenir :
Il faut encore une immortelle
Sur votre front, puisque, comme elle,
Mon amour ne doit pas finir.

LE NARCISSE.

(Pensez à lui.)

Narcisse, chasseur autrefois,
Un jour en parcourant les bois,
D'un ruisseau transparent découvre l'onde pure :
Le cristal de ses eaux réfléchit sa figure :
Cédant au plaisir de s'y voir,
Il ne peut détacher les yeux de ce miroir,
Et meurt amoureux de lui-même.
Si je dois, comme lui, mourir pour ce que j'aime,
Mon destin sera bien plus doux,
Car je mourrai d'amour pour vous.

Votre ami, loin de vous, dans l'ennui de l'absence,
Pour charmer ses loisirs, composa ce recueil :
Acceptez-en l'offrande, et dans votre indulgence,
Réservez à ces fleurs un favorable accueil ;
Mais entre elles s'il faut que votre goût choisisse,
Par amitié pour moi choisissez le Narcisse.

Des fleurs j'ai choisi le langage,
Peut-être à tort, j'en fais l'aveu :
Devais-je, pour vous rendre hommage,
Prendre ce qui dure si peu ?
Une rose est sitôt flétrie !
Un jour la voit naître et mourir :
Ces fleurs vont bientôt dépérir,
Et vous serez toujours jolie.